RELATION

DE L'EXPÉDITION

DE RIEGO.

IMPRIMERIE DE MADAME JEUNEHOMME-CRÈMIÈRE,
rue Hautefeuille, nº 20.

Dessiné d'après nature : Cadix 1820.   Lithᵉ. de C. Motte.

Les Immortels

Y. Arco Aguero : López . Baños : Riego : Quiroga

A Paris chez Corréard libraire au Palais Royal.

RELATION

DE L'EXPÉDITION

DE RIEGO;

PAR D. EVARISTE SAN MIGUEL,

LIEUTENANT-COLONEL, CHEF DE L'ÉTAT-MAJOR DE LA DIVISION
EXPÉDITIONNAIRE.

ORNÉE DES PORTRAITS DE QUIROGA, RIEGO, LOPEZ BANNOS,
Y ARCO AGUERO.

PARIS,

CHEZ CORRÉARD, LIBRAIRE, PALAIS ROYAL, GALERIE
DE BOIS.

1820.

PRÉFACE.

Chez les peuples civilisés, le meurtre ne se pardonne qu'à l'homme qui a tué pour défendre sa vie ; et si l'insurrection était pardonnable, ce ne serait aussi que dans les cas extrêmes. Mais, parfois, il s'en présente de si terribles, qu'ils semblent tout justifier. Fallait-il que Rome souffrît patiemment Domitien après Titus, Commode après Marc-Aurèle ? Le ciel, fauteur de la tyrannie, aurait-il ainsi disposé les règnes de ces empereurs, pour montrer au monde, par l'histoire du grand peuple, que le pouvoir suprême n'a pas de limites, et peut légitimement s'étendre de l'extrême bonté à l'extrême cruauté, de l'extrême sagesse à l'extrême folie ? L'empire, déjà noyé dans le sang, devait-il se résigner à périr plutôt qu'à insurger ? Et si, au gré d'un de ces empereurs, que Louis XIV enfant appelait de *véritables rois*, le genre humain n'avait eu qu'une tête, aurait-il dû la laisser trancher d'un seul coup ? il aurait fallu le souffrir ou s'insurger.

Chez nous même, ce François Ier, chevalier de théâtre, dont la fin honteuse est encore moins ignoble que la vie ; ce François, qui, au moyen d'un odieux mécanisme, tour à tour approchait et éloignait du bûcher des protestans ainsi brûlés à petit feu, ce François, qui dépeupla la France par la guerre et les bourreaux, qui la ruina pour payer sa rançon, qui jura de la démembrer pour sortir de captivité, qui la rendit tributaire des papes, et dont le premier, peut-être le seul mérite, est d'avoir ravi la dernière obole du peuple pour payer des hémistiches adulateurs ; ce François, ce Trestaillon couronné, aurait-il eu bonne grace à se plaindre d'une insurrection des protestans qu'il menaçait d'anéantir ?

Charles IX, guidé par une furie, sa commensale et plus reine qu'il n'était roi ; ce Charles, qui permettait tout à sa facrieuse famille ; cette famille royale , qui dirigeait et protégeait les assassins de parti, et qui passait des violences à la guerre civile et de la guerre civile à la Saint-Barthélemi pour arriver au despotisme toujours repoussé par les protestans ; ce roi tartufe, dont les paroles emmiellées avaient séduit les esprits faciles, dont les sermens fallacieux avaient désarmé tant de défiances ; ce bigot qui, préludant aux massacres par des fêtes nuptiales, cajolait encore le soir ceux qu'il avait résolu d'égorger la nuit ; ce monstre qui, ne pouvant, de sa fenêtre, espérer d'atteindre avec sa carabine les victimes fuyant sur le Pont-Neuf, voulut néanmoins tirer plusieurs coups, comme s'il les tirait pour l'acquit de sa conscience ! Ce Charles, cette famille avide du sang français, tous ces gens-là, pouvaient-ils bien se plaindre d'une insurrection des protestans si horriblement trahis ? Henri IV fut-il coupable, quand il se mit à la tête des insurgés.

« Quoi qu'il en soit , disent les esprits inquiets, souvent
« exagérateurs, l'Espagne était arrivée à ce degré de malheur,
« où le désespoir se persuade qu'il est permis de s'insurger.
« Ceux qui voudraient contester contre elle, admettront, peut-
« être, le témoignage de Ferdinand VII, qui applaudit tous
« les jours à la révolution espagnole ; sinon, quels seraient donc,
« que prétendraient donc les hommes , qui, dans les affaires
« d'un état, ne voudraient s'en rapporter ni au roi, ni à la na-
« tion ? Quelques-uns de ces royalistes purs, imbécilles ou
« perfides imitateurs de l'ours de la fable, prétendent que Fer-
« dinand n'est pas libre, et protestent pour lui contre ses paroles !
« selon eux, il serait fourbe ou pusillanime ! Voilà comme on a
« perdu Louis XVI, et la loi d'amnistie n'a pas atteint les pre-
« miers régicides ; voilà comme les passions ambitieuses risquent
« de sacrifier les rois à la royauté...» Pour moi, je n'oserais soutenir que Ferdinand ne peut pas être sincère, quand il proclame à la face des nations attentives, qu'une oppression cruelle, humiliante, longue et obstinée, justifie l'insurrection nationale. Dire qu'il parlerait autrement, s'il était libre, ne serait-ce pas dire qu'au fond du cœur, il regrette ou se réserve un droit d'oppression sans terme ni mesure ? dire que le silence des divers gouvernemens n'est pas une adhésion solennelle, ne serait-ce pas dire qu'ils ne réprouvent point ce droit d'oppression sans bornes, quoique, par la nature des choses, l'oppression ait des bornes partout, même à Tunis ? Dans le doute où je suis , j'ai peur que les protestations des prétendus amis de la monarchie, ne fassent une cruelle injure à l'honneur de Ferdinand et au bon sens des cabinets de l'Europe. Quoi qu'il en

soit l'insurrection espagnole, ayant pour elle les discours du roi, la victoire et la nation me paraît justifiée autant qu'elle peut l'être.

D'ailleurs, l'histoire atteste que l'Espagne n'a pas besoin de l'approbation, et se rit de la censure étrangère. Lorsque Napoléon, adoré au Capitole, y remplaçait le Jupiter tonnant et qu'un mouvement de ses noirs sourcils suffisait pour ébranler le monde, sa pensée gouvernait les royaumes de la terre et passait pour la providence ; son aigle dominateur précipitait des cieux l'aigle des Césars, renvoyait au pole glacé l'aigle des Russes, humiliait l'aigle de Frédéric, protégeait le lion danois, fermait le continent au léopard, et suspendant le tonnère sur l'Europe soumise, la tenait tout entière enveloppée de ses ailes victorieuses. Le moderne Jupiter avait déjà terrassé les rois, et paraissait plus grand que le destin, quand un peuple se leva, pour se mesurer avec lui. C'était le peuple espagnol ; celui-là même que des insensés proposent d'intimider ! L'univers, saisi d'étonnement, n'osa d'abord l'aider que de ses vœux secrets, et peut-être, crut faire un sacrilège. Mais peu à peu l'homme, enhardi par de grands exemples, s'aguerrirait contre le ciel même ; tous les peuples entrèrent en lice, et tous furent vaincus et domptés. L'Espagne seule, quoique vaincue mille fois, resta toujours indomptable ; et c'est cette même Espagne que des insensés proposent de réduire par les armes ! Elle ralluma au feu du canon, elle nourrit avec les os de ses enfans, elle éleva sur ses montagnes, elle conserva dans ses rochers sauvages le feu sacré de la liberté ; et s'il s'est propagé pour régénérer le monde, si la toute puissance de Napoléon ne pèse plus sur nos têtes, si le régime constitutionnel s'établit avant la mort de cet être prodigieux, c'est l'héroïque Espagne à qui nous le devons. Les nations ne doivent pas l'oublier.

L'Espagne tendait la main à son prince enfin reconquis, lorsque ce prince mal conseillé, enchaîna cette main libératrice. Mais l'Espagne ne voulait plus de maître, et partant n'en pouvait plus avoir. Elle n'en a plus : Un roi constitutionnel n'est pas un maître, puisque des citoyens ne sont pas des esclaves. Prise au dépourvu dans cette dernière lutte, garottée, baillonnée par l'inquisition, ruinée par les impôts, décimée par les supplices et la guerre, gardée à vue la bayonnette sur le cœur, et ne voulant point de libérateurs étrangers, elle semblait ne rien pouvoir, et pourtant ne désespéra jamais. Sa constance lassa la fortune ; elle prouva, que le sang des mar tyrs de la liberté est aussi fécond que le fut celui des martyrs chrétiens. Aux patriotes martyrs succedèrent, à l'envi, les martyrs patriotes. Au bout de six années les palmes manquèrent; l'immortel Quiroga, venant à son tour chercher la sienne, reçut la couronne civique, et l'Espagne fut libre, libre pour toujours si le vrai Dieu ne vient pas la combattre en personne.

A côté de Quiroga se place naturellement Riégo. Les journaux ont beaucoup parlé de l'expédition de ce dernier, mais il était impossible qu'ils eussent alors tous les renseignemens nécessaires pour la faire connaître d'une manière satisfaisante. La relation que nous offrons au public, écrite par le chef d'état major de Riégo est fidèlement traduite de l'espagnol, et mérite d'intéresser tous les amis de la liberté européenne. (1)

---

(1) On a prétendu que les Espagnols avaient fait la guerre en brigands. Je réponds : Ils avaient droit de se défendre ; ils se défendaient comme ils pouvaient. C'est folie d'aller dire au lion que l'on veut enchainer : Ah ça ! nous vivons dans un siècle de lumière, la guerre même a ses règles d'honneur : on ne mord plus les gens. Qu'aurions-nous pensé des troupes allemandes de 92, qui nous auraient dit à nous-même : Vous n'avez point des manœuvres compassées ; vous ne faites plus, comme à Fontenoi, difficulté de tirer les premiers, vous arrivez tout de suite à la bayonnette comme des enragés; ce n'est pas faire la guerre.

Je suis français, je plains de toute mon ame les Français qui tombèrent sous le poignard espagnol; mais rien ne me fera changer d'avis; tout, oui tout est permis à un peuple pour se défendre chez lui des agresseurs étrangers. Vous ne goutez pas sa manière de se défendre ! Eh bien, libre à vous de ne pas l'attaquer. Il serait immoral que la guerre pût toujours amuser ceux que réjouit le canon : je la voudrais si terrible que les ambitieux n'y gagnassent rien, et que les braves en eussent peur. Si l'Espagne s'était tenue à la charge en douze temps, elle n'aurait pas aujourd'hui la constitution des Cortez, et Napoleon nous tiendrait encore enchainés à son trône d'airain, qui menaçait d'être éternel.

RELATION

SUCCINCTE

DE L'EXPÉDITION

DE

DON RAPHAEL DE RIEGO.

L'INACTION des troupes nationales dans la ville de Saint-Ferdinand, et le mauvais succès de quelques tentatives sur la place importante de Cadix, forcèrent le général Quiroga à mettre en campagne une colonne mobile pour approvisionner l'armée, répandre des proclamations, attirer au parti quelques corps qu'on supposait vacillans, et montrer que ce n'était pas la crainte qui retenait les troupes enfermées dans l'île, comme le voulaient faire croire les ennemis du bien public.

Cette colonne sous les ordres du commandant général de la première division, don Raphaël de Riégo, se composait du bataillon des Asturies, de celui de Séville, moins la compagnie de grenadiers; du bataillon de guides, de deux compagnies du régiment de Valençay, et de quarante chevaux, total 1,500 hommes. Elle partit de la ville de Saint-

Ferdinand le 27 janvier, et se dirigea sur Chiclana, où elle passa la rivière à midi.

La colonne traversa cette ville aux cris de vive la constitution et alla coucher à Conil, dont les autorités s'éloignèrent aussitôt : ce départ nous fit connaître la disposition du peuple. Il était animé des meilleurs sentimens, mais terrifié ; et l'idée que les troupes nationales n'étaient pas les plus fortes, le faisait agir contre ses désirs et ses propres intérêts.

Le 28, la colonne se rendit à Béjer où elle fut reçue au son des cloches. Le 29, on publia la constitution dans cette ville, et l'on toucha quelques fonds tant en effets qu'en numéraire ; mais c'était si peu de chose, qu'il s'en fallut de beaucoup que ces moyens suffissent à tous les besoins destro upes patriotes.

La pénurie où fut la division et la proximité d'Algéziras détermina le général Riego à marcher sur cette place. On devait espérer que si Algeziras se prononçait, elle deviendrait le second boulevard de la liberté, et que Gibraltar procurerait les ressources nécessaires pour une aussi grande entreprise. La colonne partit en effet de Bejer le 31 janvier ; elle campa la nuit suivante dans les montagnes d'Arretin ; le lendemain, elle franchit les montagnes escarpées d'Ojen, et, après une marche pénible, entra à sept heures du soir à Algéziras, où elle fut reçue avec les plus vives démonstrations de joie ; et l'affluence des habitans fut si prodigieuse qu'on espérait une résolution unanime et prompte, et une levée en masse.

Cette explosion de patriotisme ne produisit que des acclamations qui durèrent toute la nuit. Le 2,

on publia une proclamation dont le but était d'é-
lectriser le peuple; des placards ordonnant d'observer le bon ordre furent affichés par-tout, mais
l'enthousiasme semblait éteint. Les ennemis du bien
public ne laissèrent point d'agir sourdement selon
leur habitude ; d'ailleurs l'opinion généralement
répandue que nous étions les plus faibles et que
par conséquent nous devions être infailliblement
détruits, retenait et glaçait les plus hardis et les plus
zélés.

Pour surcroît de malheur, le gouverneur de Gibraltar ne se montra pas favorable à notre cause.
La frégate la Sabine et un brigantin de guerre,
secondés par les troupes placées à l'île Verte, cou-
pèrent nos communications avec Gibraltar. Les patriotes nous envoyèrent mille paires de souliers,
qui ne nous parvinrent qu'à force de précautions;
et de ce côté, nos espérances se dissipèrent comme
la fumée.

La situation était critique, mais il était impossible d'abandonner alors Algéziras; nous manquions
de souliers, de chevaux et d'argent : on ne pouvait se procurer tout cela dans une minute; il fallut
beaucoup de constance pour vaincre toutes les difficultés. On en vint à bout, et la colonne rassembla
quelques ressources pour elle, et l'armée restée à
San Fernando.

Cependant O'Donnel s'approchait avec ses troupes; déjà il occupait les villes de Saint-Roch, Los
Barrios et Tarifa. La tranquillité avec laquelle nous
restions à Algéziras lui imposa; il n'osa pas même
faire mine de nous attaquer malgré la supériorité

de ses forces (sur-tout en cavalerie dont nous avions si peu).

Tout annonçait une action prochaine. Le général Riego était décidé à aller chercher les ennemis, et toutes ses dispositions étaient déjà prises, lorsque le général Quiroga lui manda l'embarras où il se trouvait, et le pria de ramener la division en toute hâte. La prudence défendait au général Riego de s'engager dans une action qui pouvait le distraire d'un devoir sacré, et se trouvant déjà muni des secours qu'il avait sollicités, il résolut de retourner à l'île par Bejer ou par Médina.

La colonne sortit le 7 février d'Algéziras ; elle traversa les montagnes d'Ojen sans éprouver aucune opposition, et campa la nuit près des *Ventas del Francès*, à l'entrée des plaines de Taibilla.

Le 8 à 5 heures du matin, elle se mit en route à travers les plaines ; vers six heures on vit se diviser une colonne de cavalerie qui descendait du coteau situé à notre gauche ; les tirailleurs ennemis engagèrent bientôt le feu avec les nôtres, pendant que cinq colonnes de cavalerie formant ensemble à peu près 800 chevaux vinrent couronner les hauteurs de droite et de gauche.

La colonne ne s'étonna point, quoiqu'elle fût en plaine et entourée de cavalerie. Le commandant général fit faire halte, et avec les trois bataillons de guides, Séville et Asturies forma trois colonnes serrées et en échelons, prêtes à recevoir l'ennemi. Tous les bagages furent placés à la droite à la hauteur de la queue du bataillon de Séville, et les compagnies de chasseurs du bataillon des Asturies et de Séville sous les ordres du lieutenant colonel don Roque de Arismendi formèrent l'arrière-garde.

Ces dispositions prises, la colonne continua sa route lentement; elle fit retentir les cris de *vive la constitution, vive la patrie*, selon sa coutume, et on entonna la chanson patriotique et guerrière composée à Algéziras.

On ne saurait trop louer la sérénité, la valeur et la hardiesse avec lesquelles la colonne affronta un danger aussi grand, et se présenta, pour la première fois, à l'ennemi. L'étonnement de celui-ci fut grand sans doute, et tant d'intrépidité et de sang froid lui imposèrent. Ses colonnes restèrent immbile s et muettes. Ses tirailleurs, repoussés par les nôtres, se replièrent; et la colonne, après avoir traversé tranquillement la plaine, qui a près de deux lieues, et fait une petite halte sur les collines d'Arretin, alla passer la nuit à Bejer, sans avoir rencontré d'autre obstacle.

Le commandant général pensait régler dans cette ville le plan de son incursion dans l'île; mais quelques renseignemens qui lui parvinrent sur les troupes ennemies cantonnées à Chiclana, Medina et Puerto-Real, lui firent suspendre son mouvement. Les divers émissaires envoyés à Quiroga pour lui rendre compte de notre situation et pour reconnaître l'état des choses, ne revinrent pas; un d'eux fut pris et livra ses dépêches. Des détachemens de cavalerie qui se trouvaient à la vue de Bejer donnaient d'alarmantes nouvelles; et quoiqu'on se défiât de leurs récits, on savait que plus de six mille hommes étaient en campagne pour empêcher notre réunion avec nos frères de l'île.

Le commandant général ne jugea point convenable de tenter une opération que les circonstances rendaient si difficile. Une junte des chefs tous bien instruits de notre situation, décida que la colonne devait rétrograder pour détourner l'attention de l'ennemi, fatiguer sa cavalerie dans les montagnes et attendre une meilleure occasion. Ximena de la Frontera fut la ville vers laquelle on décida de se diriger, la colonne se mit en mouvement le 12, et passa la nuit à une lieue et demie d'Alcala de los Gazules, au pied d'une colline appelée Gualcarro.

Le jour suivant elle continua sa marche. Mais des nouvelles reçues en route déterminèrent le commandant général à prendre à la droite et à passer la nuit dans la commune de los Barrios d'où on se rendit à St. Roch, le 14.

Il était surtout recommandé au général de s'appuyer sur le patriotisme des peuples, il devait donc profiter de toutes les occasions et de tous les moyens de le mettre en mouvement. Les amis de Gibraltar indiquaient la ville de Malaga comme le théâtre de grands événemens, pourvu que les troupes nationales se présentassent. Des lettres anonymes reçues de cette dernière ville, donnaient les plus belles espérances. Errer dans les montagnes n'était d'ailleurs ni très-glorieux ni très-utile. Tout décida donc le commandant général à se diriger sur Malaga.

La colonne se mit en mouvement le 15 et passa

la nuit à Estepona (1). Le 16 elle coucha à Marbella.

La célérité de notre marche nous força de trans-
porter dans des chaloupes les malades, les estropiés
et quelques munitions. Le vent fut contraire depuis
notre sortie de Marbella. Les chaloupes voyagaient
à la vue de la colonne et ne pouvaient la suivre. Le
commandant général les fit appeler à terre par des
signaux, et deux compagnies de chasseurs des Asturies et de Seville, qui formaient l'arrière-garde
furent chargées de protéger le débarquement des
hommes et des effets. La colonne fit halte à une
petite distance de là.

L'avant - garde du général O'Donnell, qui nous
suivait de près, arriva dans ce moment et commença d'inquiéter l'arrière-garde de ces compagnies.
Le commandant général, occupé de son objet prin-

____

(1) Nous ne passerons pas sous silence un trait de courage
qui caractérise le militaire patriote, combattant pour la cause
sainte. Notre petit corps de cavalerie précédait la colonne
dans cette marche. En arrivant à la ferme qui se trouve près
de la rive droite du Guadiato, ce corps apprit qu'un détache-
ment de cavalerie ennemie était à une autre ferme sur la rive
opposée. Le sous-lieutenant de l'escadron d'artillerie volante,
D. Ramon Ortiz alla avec cinq chevaux faire une reconnaissance sur ce point, et quoique les adversaires fussent au nombre de plus de quarante dans la dernière ferme, il s'avança
avec la plus grande intrépidité, et par un stratagême qui fait
autant d'honneur à son courage qu'à son sang froid, il parvint
avec cinq hommes à faire prisonniers un capitaine du grade
de lieutenant colonel, un lieutenant et quarante hommes du
régiment de Lusitanie, qui ne s'attendaient pas certainement
à être surpris par aussi peu de monde.

cipal, leur avait défendu d'engager aucune affaire; mais par un excès d'ardeur soit du commandant D. Roque Arismendi, soit de la troupe très-difficile à contenir dans de semblables circonstances, les chasseurs s'engagèrent tous quoique le débarquement fût déjà fait, et avec leur impétuosité accoutumée repoussèrent l'ennemi jusqu'à la montagne voisine.

Le commandant général envoya quatre compagnies de chasseurs du bataillon de Séville renforcer les chasseurs. La colonne reçut aussi l'ordre de revenir sur ses pas et de prendre une position d'où elle pût se porter où les circonstances l'exigeraient.

L'ennemi se replia, le feu cessa alors, et le commandant général, résolu à se rendre à Malaga le plus tôt possible, remit la colonne en marche laissant toujours à son arrière-garde les quatre compagnies de Séville dont il vient d'être question, pour renforcer les chasseurs.

L'ennemi revint sur cette arrière-garde et l'attaqua. Nos soldats soutinrent le feu avec la plus grande fermeté, et les compagnies se replièrent successivement sous les ordres du commandant en second du bataillon de Seville, don François Osorio, faisant toujours feu : elles se réunirent à la colonne lorsqu'il était déjà nuit : l'ennemi conserva sa position.

Ce combat nous coûta près de cent hommes, presque tous égarés pendant la nuit dans le dédale de ce pays âpre et sauvage ; on nous fit aussi quelques prisonniers ; il y eut des blessés des deux côtés parmi lesquels on compta notre commandant don Roque Arismendi. Le lieutenant de chasseurs du bataillon de Séville , don Domingo Tirado , resta mort sur le champ de bataille.

Notre plus grand malheur fut d'avoir été retardés; il fallut traverser , la nuit , les hautes montagnes qui bordent la mer , et conduisent à la commune de Frangirola. Nous y arrivâmes à deux heures du matin (le 8), mais nous laissâmes les routes couvertes de notre monde qui s'y endormait de fatigue.

La plus grande partie des traîneurs rejoignit dans la matinée , et la colonne continua sa route à 6 heures du matin. Le général O'Donnell suivait notre arrière-garde ; le gouverneur de Malaga nous attendait avec sa garnison tout prêt à nous combattre ; mais déjà nous ne pouvions plus renoncer à notre entreprise , et d'ailleurs nos amis de Gibraltar nous avaient peint les habitans de Malaga avec des couleurs tellement favorables , que rien ne put nous arêter. La pluie et la nature du pays ne nous permettaient point d'agir avec toute la promptitude nécessaire ; ce fut seulement à la chute du jour , que la colonne passa la rivière de Malaga , avec la plus grande intrépidité ayant de l'eau jusqu'au genou après avoir été exposée toute la journée à la pluie.

Il restait encore trois quarts de lieue à faire jusqu'à la ville où nous ne pouvions arriver que la nuit: la démarche était délicate et périlleuse , mais les soldats ne s'intimidèrent point. La garnison de Malaga était en position , nous marchâmes pour l'attaquer. Le feu commença bientôt entre les guerillas de l'un et de l'autre parti , tandis que la colonne s'avançait en bataille et l'arme au bras. Notre contenance imposa aux ennemis , qui se retirèrent à Velez-Malaga

2

et nous fûmes aux portes de la ville à 8 heures du soir.

Nous trouvâmes toutes les rues illuminées ; mais soit crainte de se trouver dans quelque mêlée, soit effet de la stupeur générale, presque personne ne se présenta dans les rues ; on se contenta de nous saluer de quelques acclamations par les fenêtres , et nous ne trouvâmes ici rien qui rappelât l'enthousiasme d'Algéziras.

Le 19 , on s'occupa de rédiger une proclamation adressée à la ville , et nous espérâmes encore qu'elle se déciderait à prendre les armes.

A midi , on aperçut des colonnes ennemies qui se dirigeaient sur Malaga. Le commandant général voyant tout le fruit de son expédition perdu s'il se repliait hors de la place , résolut de les attendre dans ses murs ; il occupa avec ses troupes le fort , le quartier del Mundo Nuevo , la place de la Merced et l'entrée des rues voisines. La proclamation sortit alors des presses , on la fit lire et publier dans presque toutes les rues ; mais les habitans qui l'écoutaient avec plaisir ne firent aucun mouvement. Cependant les ennemis entraient dans la ville ; bientôt on entendit le bruit des portes que l'on fermait de toutes parts, et la fusillade des gardes avancés qui se repliaient. Trois fois nous fûmes attaqués dans la place de la Merced , et autant de fois les ennemis furent repoussés avec intrépidité. Une poignée de notre cavalerie suivie de quelques fantassins, les chargea avec fureur jusqu'à la place de la municipalité , et dans cette alternative de silence et de fracas militaire , qui offrait une scène semblable à celle du 2 mai, vint la nuit qui mit fin à ce combat.

Nos troupes passèrent la nuit dans les mêmes postes que nous avions conservés le soir. L'ennemi que nous supposions être à l'entrée de la ville, s'en était éloigné de plus d'une demi-lieue. Ses troupes étaient considérablement dispersées.

Ignorant cette circonstance, le commandant général réunit un conseil. Après avoir pesé les inconvéniens et les avantages qu'offraient l'alternative d'attendre une nouvelle attaque le lendemain, ou de se retirer en ordre de la place, l'espérance de voir la ville prendre les armes s'étant d'ailleurs évanouie, on se décida pour le second parti, et à cinq heures et demie de la matinée du 20, la colonne prit la route de Colmenar, sans être inquiétée par les ennemis.

Ce jour même on s'aperçut que plusieurs officiers avaient abandonné la colonne dans la nuit précédente. Cette nouvelle produisit de l'abattement et influa d'une manière extraordinaire sur la désertion qu'on éprouva depuis dans la troupe. Un tel exemple donné par ceux-là même qui devaient être des modèles de constance, ébranla ceux qui avaient moins de motifs pour tenir ferme dans leur parti. Le public et l'armée savent les noms de ces officiers ; si on ne les désigne pas personnellement, c'est qu'après tout, il n'est pas mathématiquement impossible que des motifs qu'on ignore, ne justifient un jour leur conduite.

Le lecteur observera que jusqu'alors aucun corps n'avaient réuni leurs drapeaux avec les nôtres ; que quelques - uns sur lesquels nous comptions s'étaient au contraire battus contre nous; qu'aucune commune ne s'était prononcée ouvertement; que les plus dévoués à la bonne cause se contentaient de former des désirs; que les espérances de propager le feu sacré de la patrie étaient bien dissipées; en un mot, que nous ne pouvions compter sur aucun autre terrain que celui que nous occupions, ni sur d'autre patrie que nous mêmes.

Ajoutez à ceci la nouvelle du cruel et infame traitement qu'on faisait souffrir à nos prisonniers; l'isolement dans lequel nous nous trouvions; l'ignorance où nous étions de tout ce qui se passait, n'ayant jamais eu un bon espion, quoique payant très-bien. Preuve de la terreur qu'inspirait l'armée d'O'Donnell et de l'opinion partout répandue que notre cause était désespérée.

Cette position était très-critique, et l'on voit facilement que peu d'hommes se sont trouvés dans une situation semblable.

Le commandant général eut l'intention de marcher de Colmenar sur Grenade; mais les troupes du général Eguia se trouvaient à Loja, et l'expérience de ce qui était arrivé à Malaga ne nous encourageait pas à faire des tentatives de cette espèce, surtout dans des villes un peu considérables. En outre, les troupes étaient épuisées de fatigue. Le besoin de souliers était extrême, et la majeure partie des soldats n'avaient d'autre chemise que celle qu'ils portaient sur le corps. Cette circonstance nous força de prendre la route d'Antéquera où la colonne arriva le 21 à six heures et demie du soir.

Le commandant général prit les mesures les plus efficaces pour s'approvisionner de linge et de chaussure. La fuite du corrégidor et des autres autorités qui avaient abandonné la ville à notre approche, retarda cette fourniture qui ne put se faire dans la journée du 22.

Elle se termina dans la matinée du 23. On faisait en même temps une réquisition de chevaux. Vers midi on découvrit quelques colonnes ennemies qui s'avançaient lentement par le chemin de Malaga. Le commandant général mit la sienne en bataille sur une hauteur qui domine la ville derrière les capucins ; mais se trouvant très-inférieur en nombre, il ordonna la retraite et se dirigea sur la ville de Campillo, où la colonne arriva à deux heures du matin, le 24.

A huit heures, on se remit en route, et on entra à Canete-la-Real à quatre de l'après midi environ.

Les fatigues des marches forcées et mille autres causes tant morales que physiques avaient réduit la colonne au nombre de 900 hommes. Cette circonstance et notre isolement rendait nécessaire une grande circonspection dans nos mouvemens.

Le lendemain, la colonne se mit en route et se dirigea sur Ronda pour aller chercher dans les âpres montagnes un théâtre qui convînt mieux à ses forces. A une lieue de Ronda, on apprit que 800 hommes de l'avant-garde O'Donnell étaient campés devant ses portes, et qu'ils venaient de faire une marche forcée de onze lieues. Le commandant général ne jugeantpas convenable ni avantageux

de retourner sur ses pas, se détermina à les attaquer.

Le feu commença avec l'intrépidité et la vigueur
ordinaires. Nos guerillas repoussèrent bientôt celles
de l'ennemi. Quelques-unes de ses compagnies qui
occupaient les hauteurs de la droite, les abandonnèrent promptement ; toutes se réfugièrent à Ronda
poursuivies par le bataillon de Seville , et se forti-
fièrent au dela du pont qui est sur le Tajo (1). Le
bataillon des Asturies était resté à la porte pour protéger la retraite, avec celui des guides réduit à presque rien. Les deux compagnies du bataillon de Valençay qui étaient sorties de San-Fernando avec
nous, avaient déserté en masse à Canete-la-Real
presqu'à la vue de leurs camarades.

La position de l'ennemi était inexpugnable, tous
les efforts du bataillon de Séville et surtout ceux de
ses braves chasseurs furent infructueux. On crai-
gnait en outre que le reste de la division d'O'Donnell
ne vînt se réunir avec son avant-garde. Cette considération força le commandant général à sortir de
Ronda dans la même nuit; mais il n'effectua pas sa
retraite sans avoir obtenu une ration de pain, de
vin, et de poisson sec pour chaque homme ainsi
que des souliers et des alpargates (souliers de
cordes).

La colonne se mit en route à 8 heures du soir
pour se rendre à Grazalema; elle campa sur la
montagne qui se trouve à moitié chemin des deux

---

(1) Nom d'un ravin escarpé et très-profond qui traverse la
ville.

villes, et arriva à sa destination à 8 heures du matin le 26.

Grazalema est fort par son assiette, et mettait les troupes nationales à l'abri d'un coup de main. Le bon accueil qu'elles y reçurent de la part de l'alcade, et autres habitans, tous partisans de la bonne cause invitait à s'arrêter et à prendre quelque repos. Ici l'on apprécia dignement nos travaux et nos fatigues. Ici nous trouvâmes une amitié franche et des soins fraternels, et je m'estime heureux de pouvoir rendre au peuple de Grazalema le témoignage public de notre reconnaissance.

Le capitaine des dragons du roi, Don Carlos Osorno, nous offrit, par lettres, d'armer et de réunir à la colonne tous les dragons qui se trouvaient dans la ville de Moron où il était alors détaché, pourvu qu'on l'aidât à se procurer des chevaux pour remonter ses hommes. Il annonçait aussi que les colonels de Majorque et de Valençay témoignaient beaucoup d'intérêt pour notre cause, et même le désir de se réunir à nous.

Cette flatteuse perspective d'une acquisition qui devait avoir une influence extraordinaire sur l'esprit de la troupe, fatiguée déjà de tant d'isolement, décida le commandant général à partir et à se diriger sur le point où se trouvait le capitaine Osorno; le général se décidait à se confier à la fortune, parce que nos affaires étaient en si mauvais état qu'il fallait pour les rétablir quelque chose d'extraordinaire.

La colonne partit à deux heures dans la soirée du 1er mars, après avoir reçu à Grazalema le drap d'un pantalon, la toile d'une chemise pour chaque soldat, et une quantité considérable de souliers. Elle marcha toute la nuit et arriva à Puerto Serrano à 7 heures du matin le 2. Après un repos de deux heures, elle se remit en route et arriva à midi à Montellano.

Les fourriers du bataillon de Valençay se trouvaient dans cette ville faisant le logement pour leur corps : le régiment de Majorque venait de partir il y avait une heure. Le retard de notre marche nocturne, causé par le passage des rivières et le mauvais état des chemins, nous empêcha d'arriver à temps pour nous réunir avec ce dernier régiment. L'espoir de voir se prononcer pour la bonne cause le colonel de Valençay nous le faisait attendre à Montellano ; mais il était décidé que nul ne partagerait avec nous, les travaux, les fatigues, les sacrifices et la gloire.

Le colonel de Valençay au lieu d'aller à Montellano, se replia sur Arahal ; il fit une réponse vague à l'invitation du commandant général qui lui offrit le commandement de sa troupe ; proposition qu'il avait jusque-là faite à tous les chefs d'un grade supérieur auxquels il s'était adressé. Le capitaine Osorno demandait des secours pour l'équipement de ses hommes. Le commandant général se détermina donc à pousser jusqu'à Moron où la colonne arriva le 3 un peu après midi.

Des dragons démontés de plusieurs régimens se trouvaient à Moron, ils se rangèrent sous nos drapeaux au nombre de deux cents. On commença à prendre les plus sérieuses dispositions pour avoir des chevaux et des harnois ; le commandant général mit tous ses soins à cette opération si intéressante ; elle ne put être terminée avant la nuit , et il fallut attendre le jour suivant pour avoir enfin deux cents hommes de cavalerie , qui allaient mettre notre petite troupe dans un état florissant.

Le 4 au matin , on reçut avis que l'avant garde du général O'Donnell commandée par le général Martinez était à Montellano. Elle n'était pas nombreuse , et n'avait nullement l'air de vouloir nous attaquer. Les postes avancés qui se trouvaient à une lieue et demie de Moron étaient peu de chose , et semblaient y être placés seulement pour nous observer. L'opération de la réquisition des chevaux et de l'organisation des dragons se poussait vivement , et tous se flattaient qu'elle serait terminée sans opposition de la part de l'ennemi ; mais le général O'Donnell survint avec sa division. Nos troupes étaient en bataille sur la place et dans les quartiers respectifs. Une grande garde composée de soixante hommes d'infanterie et de quinze chevaux, aux ordres du second commandant du bataillon de Séville , don François Osorio , soutint avec fermeté et sang froid l'attaque faite par les troupes ennemies , et donna le temps à notre colonne de prendre position au château et au bois , qui se trouve derrière le château du côté du nord.

L'extrême disproportion de nos forces rendait inutiles tous les avantages que pouvait donner la position. Les ennemis occupèrent bientôt la ville , et se disposèrent à nous cerner des deux côtés. Il fallut abandonner le château , nous le fîmes avec ordre , et notre retraite coûta cher à l'ennemi. Le bois qui se trouve derrière le château, ne pouvait non plus être défendu. La colonne se replia donc en suivant la direction des Cordillières : elle se forma en masse, et se mit en retraite. Des tirailleurs qui garnissaient les flancs, et une bonne arrière-garde tenaient l'ennemi en respect, et l'empêchaient de nous cerner ou de nous troubler.

L'ennemi montrait beaucoup d'ardeur, et nous était tellement supérieur en nombre, que ses tirailleurs seuls formait une force double de la nôtre. Il en avait deux bataillons dont le feu nous atteignait de tous côtés. Les nôtres les maintenaient pourtant, et notre mouvement se faisait en bon ordre. La division se mit en bataille, pour recevoir deux charges de cavalerie, qu'elle repoussa vigoureusement. La nuit survint, mais l'ennemi continua ses tentatives ; enfin voyant que ses efforts étaient inutiles, et que rien ne pouvait interrompre notre marche vers les Cordillières, il cessa de nous suivre, et le feu finit une heure après la brune.

La colonne avait éprouvé une perte considérable en morts, prisonniers et blessés ; parmi ces derniers se trouva le premier commandant du bataillon de Séville don Antoine Muniz, le second chef du même corps don François Osorio ; le premier adjudant du bataillon des Asturies don Louis de Castro, et le capitaine du même corps don Philippe Carroseli et d'autres chefs : plusieurs officiers, beaucoup de soldats avaint été pris en se retirant du château.

La colonne marcha toute la nuit et arriva à cinq heures du matin le 5 à Villanueva de San-Juan. Elle était réduite à 400 hommes. Les pertes éprouvées la

veille l'affligèrent, mais sans la démoraliser. Sa retraite depuis Moron, fut pour elle aussi glorieuse
qu'une victoire, elle ne dut qu'à sa constance, sa résolution et son héroïsme de n'avoir point été entiè-
rement détruite.

Deux heures après son arrivée à Villanueva, elle
continua sa route; et sans avoir rencontré un seul
obstacle de toute la journée, elle arriva à Gilena où
elle passa la nuit.

Elle continua son mouvement le 6, à 7 heures du
matin, traversa Estepa ainsi que Puente de don-
Gonzalo qui en est éloignée de 2 lieues, sans s'arrêter
dans ces villes. La cavalerie ennemie qui était à
Osuna venait à notre rencontre. Son avant-garde,
forte de 60 chevaux; arriva à Puente de don-Gonzalo peu de temps après nous, et commença à échan-
ger quelques coups de fusils avec nos tirailleurs à
l'entrée d'un champ d'oliviers. On aperçut bientôt
quelques fantassins que ces cavaliers portaient en
croupe; ils commencèrent aussi à tirer; ils furent repoussés. Cependant notre colonne formée en masse
n'avait pas interrompu sa marche. Cette cavalerie ne
cessa un instant de nous harceler pendant les trois
lieues qui séparent Puente de don-Gonzalo, d'Aguilar, mais nos chasseurs rendirent tous ses efforts
inutiles.

Nous arrivâmes dans Aguilar à l'entrée de la nuit
du 6, et après nous être reposés une heure à la sortie
de la ville pour y recevoir une ration de pain et de
vin, nous nous dirigeâmes sur Montilla où nous passâmes la nuit.

Nous en partîmes le 7 à 3 heures du matin pour traverser le Guadalquivir, et nous jeter dans les montagnes. Quelques difficultés s'élevèrent sur le choix du lieu où l'on devait traverser cette rivière, mais le pont de Cordoue se trouvant le plus à proximité, le commandant général ordonna de s'y rendre à tout événement : on se mit en marche vers ce pont avec la résolution d'affronter tous les obstacles.

Le régiment de cavalerie de Saint-Jacques, dont une grande partie était démontée se trouvait à Cordoue. Soixante ou quatre vingts hommes montés vinrent se placer sur la rive gauche du Guadalquivir dans l'intention de nous barrer l'entrée de la ville ; mais au moment où la colonne s'avança, ils se replièrent sur la route d'Ecija. Le reste de la troupe qui était à Cordoue ne prit parti ni pour ni contre, et nous nous trouvâmes enfin à la tête du pont que nous traversâmes sans opposition, entonnant comme toujours l'hymne guerrière.

L'étonnement et l'admiration que témoignèrent les habitans de Cordoue à l'entrée de la colonne qui n'était forte que de trois cents hommes, est difficile à dépeindre. Les rues étaient encombrées de gens dont le silence n'attestait que trop la surprise que leur causait notre hardiesse. Et ce fut en chantant et environné d'un peuple immense que nous arrivâmes au couvent de Saint-Paul où nous nous logeâmes.

Nous en partîmes le 8 à 7 heures du matin nous dirigeant vers les montagnes ; nous passâmes la nuit dans une auberge située à une lieue d'Espier et à 7 de Cordoue.

Le jour suivant nous arrivâmes à Espier vers

7 heures du matin, nous continuâmes notre marche à midi et passâmes la nuit à Belnez. Le 10, nous nous portâmes sur Fuenteovejuna, y arrivâmes à midi et y couchâmes. Le temps était pluvieux et sombre. Nous n'avions pas assez de monde pour garder toutes les avenues d'une ville de manière à ne pas craindre une surprise et vers 4 heures nous découvrîmes déjà près de nous des colonnes de cavalerie et d'infanterie qui débouchaient par la route de Cordoue. Le commandant fit battre la générale et rassembla sa troupe à l'extrémité de la ville opposée à celle par où les ennemis arrivaient. Il fallut céder au nombre, l'ennemi entra dans la ville et ses guerillas engagèrent le feu avec les nôtres. La colonne commença son mouvement de retraite; mais la pluie qui tombait par torrens, les mauvais chemins et le défaut de chaussures la réduisirent beaucoup avant d'arriver au village d'Azuaga où elle entra vers une heure du matin.

Le 11 à 4 heures elle partit d'Azuaga déjà bien peu nombreuse. Elle arriva à Berlanga vers 7 heures: elle poussa jusqu'à Villagareda à 4 lieues de Berlanga, et fit halte à Bienvenida où elle arriva à 4 heures du soir.

Notre petit nombre ne nous permettait plus d'attaquer ni même de nous défendre. Eterena, Fuentecantos, Los-Santos et les communes voisines étaient garnies de troupes qui manifestaient la plus grande envie de nous détruire. Notre réunion ne servait plus qu'à les tenir unis, et à les acharner à nous poursuivre. Cette triste circonstance nous mit dans la dure nécessité de nous séparer. On s'y détermina dans une assemblée à laquelle assistèrent tous les officiers qui se trouvaient présens alors. La séparation fut pénible, et les braves qui avaient fait pour la patrie de si grands sacrifices, ne purent surmonter l'émotion qui leur serrait le cœur, en pensant que peut-être ils allaient être forcés de fuir pour jamais cette patrie si chère.

Ainsi se dispersèrent les restes de cette colonne dont l'audace et le patriotisme avaient mérité un plus heureux destin. Tout s'était réuni contre elle : acharnement de la part des ennemis toujours trois fois plus nombreux au moins ; stupeur, isolement des citoyens ; découragement et lâcheté de tant d'officiers qui nous abandonnèrent dans les momens les plus critiques ; violation de paroles et de promesses de tant de personnes engagées dans la bonne cause ; peines et fatigues inouies et marches forcées et continuelles dans des pays âpres et coupés par des torrens et des rivières, tant et de si graves circonstances devaient nécessairement dissoudre la troupe la plus unie, anéantir les armées les plus fortes.

Pour quiconque mesure la gloire aux périls et non à la fortune, la colonne mobile aura fourni une illustre carrière, et ses utiles revers effaceront bien des victoires. Que le lecteur se représente toutes les sortes de dangers qu'elle a bravés jusqu'au dernier moment, et qu'il dise si les Espagnols qui la composaient n'ont pas fait preuve de tout le courage qu'inspire l'état militaire, de toute la constance de l'héroïsme, et de tout le patriotisme qui ne s'arrête qu'aux bornes du possible.

La conduite de cette troupe fut toujours confor

me aux principes qu'elle professait. Honneur et liberté fut constamment sa devise. Nul citoyen ne fut opprimé, nul prisonnier ne fut maltraité. Ceux que nous avons faits à Marbella, à Antequera, à Malaga, à Moron, à Montellano, à Puente don Gonzalo et dans d'autres endroits, et en nombre considérable et de toutes les classes, étaient traités avec toute la considération et la délicatesse, qu'ils pouvaient désirer de leurs ennemis. Rien n'a donc terni la gloire des armes de la patrie, et le monde témoin de l'intrépidité de ce noble corps, est aussi témoin de ses vertus dignes d'une meilleure fortune, et dignes d'être présentées pour modèles aux guerriers patriotes.

L'auteur a présenté les événemens avec la fidélité et la simplicité que demande l'histoire. Témoin oculaire de tous les faits qu'il rapporte, il n'a pas cru qu'il fût nécessaire de les exagérer pour rehausser ses braves camarades. Peut-être la perte de ses papiers à Moron, lui aura fait omettre quelques circonstances intéressantes, il les publiera aussitôt qu'on voudra bien les lui rappeler. Il ne peut non plus donner le nombre de morts, blessés ou prisonniers, jusqu'à la réunion de la colonne; alors il fera connaître les chefs et les officiers; mais l'impatience nationale n'a pas permis de retarder plus longtemps la publication du journal militaire d'un corps qui a tant de fois attiré toute l'attention de la patrie.